Can you tell me about the time and place you were born?Tell me the story?

What is your full name and why were you named that?

____

____

____

____

____

____

____

____

____

____

Are you named after anyone, or do you know the reason why your parents gave you the names that they did?

____

____

____

____

Did you have a nickname that your siblings or friends call you? How did you get the nickname?

____

____

____

____

Did you ever hear any stories about anything interesting that happened during or soon after your birth?

____

____

____

____

____

____

____

____

____

____

What were the full names and places of birth of your parents and grandparents?

Parents _______________________________________

____

____

____

____

Grandparents _______________________________________

____

____

____

____

Could you tell me a story or a special memory about your parents and grandparents?

<u>Parents</u>

Grandparents

How many children were in your family?
What are there full names?

____

____

____

____

____

____

____

____

____

____

____

Could you tell me a story or a special memory about your brothers and sisters?

How did your family spend time together when you were young?

____

____

____

____

____

____

____

____

____

____

Did you ever have a Family game night?

____

____

If so, what games would your family play?

____

____

____

____

____

____

____

____

What kind of car(s) did your family have when you were growing up?

____

____

____

____

____

How were those cars different from the cars today?

____

____

____

____

____

What would you and your family do when the electricity in your house went out, when you were a child?

____

____

____

____

Did your household always have a television?

____

____

If no, when did your family get their first television?

____

____

Was your first television a black and white set, or a color set

____

____

What shows did your family watch on television?

____

____

____

____

____

____

____

What was your favorite show to watch on television?

____

____

Did your family ever take vacations together?

____

____

What was your favorite vacation that your family ever took?

____

____

____

____

How often did your parents read to you?

____

____

____

____

Did you ever play any tricks or pranks on your parents or siblings?

____

____

____

____

____

____

____

How did your parents discipline you?

____

____

____

____

____

____

____

Did your family ever home-make any clothing?

____

____

____

If your family bought clothing from a store, which store(s) did your family buy clothing from?

____

____

____

____

____

On what occasions would you get new clothing or new outfits?

____

____

____

____

How often would your parents take you to get new shoes?

____

____

____

____

____

How would you dress, as a child?

____

____

____

____

____

Who would baby sit you when your
parents weren't home?

____

____

____

____

____

Who was your favorite baby sitter?
And why?

____

____

____

____

____

Can you tell me about our family history,
And the family tree?

What do you appreciate most about your parents?

____

____

____

____

____

____

____

____

____

____

What is the earliest memory that you have?

Who was your childhood best friend?

What is diferent about growing up today
than when you were a child?

What is the most surprising thing you enjoy about being a child?

____

____

____

____

____

____

____

Did your family move often, during your childhood?

____

____

____

____

Did you like or dislike moving?

____

____

____

Can you remember all the different places
you lived, and what years or dates you
moved?

____

____

____

____

____

____

____

Did you have a bed time?

____

____

If so, what time did you have to be in bed by?

____

____

How old were you when this bed time was enforced?

____

____

What was your favorite movie you ever saw in your childhood?

____

____

____

____

Do you remember what was the first movie you ever saw?

____

____

How often did you see movies at the theater as a child?

____

____

How much did movie tickets cost, when you were little?

____

____

When did you learn how to swim? Where did you go swimming as a child?

____

____

____

____

Did you ever go fishing or hunting, as a child?

____

____

____

____

Do you remember the day when you learned how to ride a bicycle?

____

____

How did you learn how to ride a bicycle? Did anyone help you?

____

____

____

____

Did you like to read books, as a child?

____

____

How often would you read?

____

____

____

____

____

What was your favorite book to read, as a child

____

____

____

____

Did you ever run away or hide from your parents after you had done something wrong?

Did you ever get into a physical fight with another child?

What was the worst injury you ever got,
as a child?

____

____

____

____

How did your parents react on the injury?

____

____

____

____

____

____

____

What was the angriest you ever got, as a child?

What is your saddest memory from childhood?

What is your happiest memory from childhood?

____

____

____

____

____

What is your scariest memory from childhood?

____

____

____

____

____

What was the one thing you were always most scared of, as a child?

____

____

____

____

____

Do you remember any particularly frightening nightmares you had as a child?

____

____

____

____

____

What are some of your most memorable dreams that you had as a child, either scary or non-scary?

____

____

____

____

____

____

____

____

____

____

What is something that you were just never able to understand, as a child?

____

____

____

____

____

What is the funniest thing you ever remember saying, as a small child?

____

____

____

____

What is something that you were just
never able to understand, as a child?

____

____

____

____

____

____

What is the funniest thing you ever
remember saying, as a small child?

____

____

____

____

____

How did you celebrate birthdays in your family?

____

____

____

____

____

____

What was your favorite or most memorable birthday gift you ever received, as a child?

____

____

____

____

What was your least favorite type of
birthday gift to receive, when you were little?

____

____

____

____

____

____

How did you celebrate Thanksgiving in
your family?

____

____

____

____

____

How did you cebrate on Christmas day in your family?

How did you celebrate on New years'
Day in your family?

____

____

____

____

____

____

Were there any holidays that your family
celebrated when you were growing up,
which most other people don't celebrate?

____

If so, what were they and how were they
celebrated?

____

____

____

What was the first school you attended?

____

____

Who was the coolest or most popular kid
in your class?

____

____

____

____

Why were they so cool or popular?

____

____

____

____

What were your favorite subjects in grade/
Key stage school?

____

____

____

____

____

____

Did you play any junior sports in grade/
Key stage school?

____

____

____

____

____

Did you play any musical Instruments in a band during grade/ Key stage school?

____

If so, which ones?

____

____

____

____

____

If you were in a school band, what songs that you played in your school band do you remember the best, or which songs were your favorites to play?

____

____

____

____

Did any of your siblings or cousins go to school with you?

____

____

____

If you had siblings or cousins that went to school with you, what classes or school activities did you participate in with them

____

____

____

____

____

____

____

____

What was one of your favorite class field trips that you took?

Where did you sit in classroom?
And why?

____

____

____

____

____

____

____

____

____

____

Were you ever disciplined by a teacher or
sent to the principal's office?

____

____

If so, what happened?

____

____

____

____

____

____

____

____

How often was your school delayed or cancelled due to snow or other inclement weather?

____

____

Were you ever prevented from getting to school because of snowy roads or flooded roads?

____

____

____

____

____

____

____

____

Were there any subjects or teachers you
disliked particularly liked or disliked? Why?

____

____

____

____

____

____

Who was your best friend in high school ?

____

____

____

____

____

____

How would people who knew you in high school describe you?

Did you work during high school ? If so, What did you do? If not Why didnt you ?

What did you do after high school ?

Where was the farthest away from home that you ever traveled, before your 18th birthday

____

____

____

____

____

How were your next door neighbors like? friendly, mean, sociable, etc?

____

____

____

____

____

How old were your next door neighbors ?

____

____

____

____

____

How often did your family or next door neighbors visit each other ?

____

____

____

____

____

____

Did you ever get troubles as a child or teenager? Did you have a curfew and what time was it ? Did you ever miss curfew ?

Did you ever have low points as a teenager? How did you get through it ?

Tell me about a leader who impacted your life for good when you were a teenager ?

Who were your friends from school what did you do together for fun ?

Did you do any sports or clubs when you were a teen? If so what are your favorite memories ?

Do you remember any words or sayings that were common in your youth that nobody says anymore or very rare ?

____

____

____

____

____

____

____

____

____

____

What was the biggest thing you ever got in trouble for ?

____

____

____

____

____

____

____

____

____

____

What pet have you had ? Tell me more about
them

____

____

____

____

____

____

____

____

____

____

____

What is your favorite place you have ever visited and how was it like ?

What is the longest trip that you have ever
gone on ? Where did you go ?

____

____

____

____

____

____

____

____

____

____

What is the most beautiful place you have ever visited and what was it like ?

How did you fall in love ?

____

____

____

____

____

____

____

____

How old were you when you fell in love ?

____

____

____

____

How many times have you been in love ?

____

____

____

____

Who was your first date? How long did you date?

____

____

____

____

____

____

____

How did you meet my mum/ dad / Grandma/ Grandpa? Tell me more about that?

How did you know that it was the "real deal" ?

How often did you go for dates? How was it like ?

What advise do you have on love and marriage for couples today ?

Where was the first place you lived away from home? Do you have any crazy roommates stories?

____

____

____

____

____

____

____

____

____

What is the best christmas or birthday gift you have ever recieved and given?

____

____

____

What is your favorite thing to do on the weekends?

____

____

____

____

____

____

____

Did you ever get really sick or have to go
the hospital? What happened?

What was your first job?

____

____

____

____

What was your first car you drove?

____

____

____

Where was your first home out of your parents house?

____

____

____

____

What or who was your favorite ?

Color ?

____

Cookie ?

____

Drink ?

____

Flavor of ice cream ?

____

Flower ?

____

Fruit ?

____

Holiday ?

____

____

What or who was your favorite ?

Meal ?

____

Movie star ?

____

Movie ?

____

Musical group ?

____

Musical instrument ?

____

Painting ?

____

Poem ?

____

What or who was your favorite ?

Animal ?

____

Athlete ?

____

Author ?

____

Board game ?

____

Book ?

____

Candy ?

____

Card game ?

____

What or who was your favorite ?

Poet ?

____

Restaurant ?

____

Season ?

____

Singer ?

____

Song ?

____

Sport ?

____

Style of music ?

____

If you had to pick a label for your family members (mother, father, brothers, sisters····)
Who fits each of the following descriptions during your childhood ?

Best cook

____

Best gardener

____

____

Best house keeper

____

____

Best looking

____

Best memory

____

____

If you had to pick a label for your family
members (mother, father, brothers, sisters·····)
Who fits each of the following descriptions
during your childhood ?

Calmest

____

Hardest worker

____

____

Biggest tease

____

____

Funniest

____

Best story teller

____

If you had to pick a label for your family members (mother, father, brothers, sisters····) Who fits each of the following descriptions during your childhood ?

Most athletic

____

Most colorful

____

____

Most frugal

____

Most sociable

____

Most creative

____

____

If you had to pick a label for your family members (mother, father, brothers, sisters·····)
Who fits each of the following descriptions during your childhood ?

Most generous

____

Most political active

____

____

Shortest

____

____

Tallest

____

Quietest

____

____

What are your top five best memories?

What lessons would you like me to learn from your experiences growing up?

Notes

Notes

Notes

Notes

Notes

Notes

Notes

Notes